ACCIDENTS DU TRAVAIL

Responsabilité des Accidents
dont les Ouvriers
sont victimes dans leur travail

LOI DU 9 AVRIL 1898

modifiée par la

LOI DU 22 MARS 1902

et complétée par la

LOI DU 31 MARS 1905

DÉCRETS DU 28 FÉVRIER 1899
portant règlements d'administration publique

DÉCRETS DU 23 MARS 1902
relatif à la
DÉCLARATION DES ACCIDENTS

PARIS

LIBRAIRIE DES PUBLICATIONS OFFICIELLES ET DU BULLETIN DES LOIS

Georges ROUSTAN, Libraire

5, 17, 17 *bis*, Quai Voltaire

1906

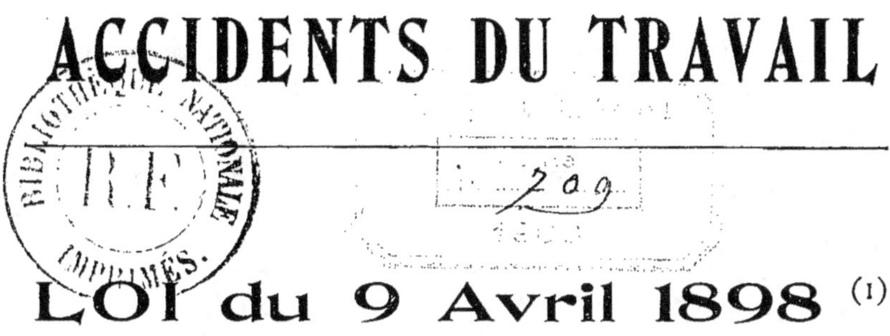

ACCIDENTS DU TRAVAIL

LOI du 9 Avril 1898 [1]

(Promulguée au Journal officiel du 10 avril 1898.)

Modifiée par la Loi du 22 Mars 1902

(Promulguée au Journal officiel du 27 mars 1902.)

Relative à la responsabilité des accidents dont les ouvriers
sont victimes dans leur travail.

Le Sénat et la Chambre des députés ont adopté,

Le Président de la République promulgue la loi dont la
teneur suit :

TITRE PREMIER

INDEMNITÉS EN CAS D'ACCIDENTS

Article premier. — Les accidents survenus par le fait du travail ou à l'occasion du travail, aux ouvriers et employés occupés
dans l'industrie du bâtiment, les usines, manufactures, chantiers,
les entreprises de transport par terre et par eau, de chargement
et de déchargement, les magasins publics, mines, minières, carrières, et, en outre, dans toute exploitation ou partie d'exploitation dans laquelle sont fabriquées ou mises en œuvre des
matières explosives, ou dans laquelle il est fait usage d'une
machine mue par une force autre que celle de l'homme ou des
animaux, donnent droit au profit de la victime ou de ses représentants à une indemnité à la charge du chef d'entreprise, à la
condition que l'interruption de travail ait duré plus de quatre
jours.

Les ouvriers qui travaillent seuls d'ordinaire ne pourront être

---

[1] Les articles en italique sont ceux modifiés par la loi du 22 mars 1902.

assujettis à la présente loi par le fait de la collaboration acci-
dentelle d'un ou de plusieurs de leurs camarades.

Art. 2. — *Les ouvriers et employés désignés à l'article précédent ne peuvent se prévaloir, à raison des accidents dont ils sont
victimes dans leur travail, d'aucunes dispositions autres que
celles de la présente loi.*

*Ceux dont le salaire annuel dépasse deux mille quatre cents
francs (2.400 fr.) ne bénéficient de ces dispositions que jusqu'à
concurrence de cette somme. Pour le surplus, ils n'ont droit qu'au
quart des rentes stipulées à l'article 3, à moins de conventions
contraires élevant le chiffre de la quotité.*

Art. 3. — Dans les cas prévus à l'article premier, l'ouvrier ou
l'employé a droit :

Pour l'incapacité absolue et permanente, à une rente égale au
deux tiers de son salaire annuel ;

Pour l'incapacité partielle et permanente, à une rente égale à la
moitié de la réduction que l'accident aura fait subir au salaire ;

Pour l'incapacité temporaire, à une indemnité journalière égale
à la moitié du salaire touché au moment de l'accident, si l'incapacité de travail a duré plus de quatre jours et à partir du cinquième jour.

Lorsque l'accident est suivi de mort, une pension est servie
aux personnes ci-après désignées, à partir du décès, dans les
conditions suivantes :

A. Une rente viagère égale à 20 o/o du salaire annuel de la victime pour le conjoint survivant non divorcé ou séparé de corps, à
la condition que le mariage ait été contracté antérieurement à
l'accident.

En cas de nouveau mariage, le conjoint cesse d'avoir droit à la
rente mentionnée ci-dessus ; il lui sera alloué, dans ce cas, le
triple de cette rente à titre d'indemnité totale.

B. Pour les enfants légitimes ou naturels, reconnus avant
l'accident, orphelins de père ou de mère, âgés de moins de seize
ans, une rente calculée sur le salaire annuel de la victime à raison
de 15 o/o de ce salaire s'il n'y a qu'un enfant, de 25 o/o s'il y en
a deux, de 35 o/o s'il y en a trois et de 40 o/o s'il y en a quatre ou
un plus grand nombre.

Pour les enfants orphelins de père et de mère, la rente est
portée pour chacun d'eux à 20 o/o du salaire.

L'ensemble de ces rentes ne peut, dans le premier cas, dépasser 40 o/o du salaire ni 60 o/o dans le second.

C. Si la victime n'a ni conjoint, ni enfant dans les termes des
paragraphes **A** et **B**, chacun des ascendants et descendants qui
était à sa charge recevra une rente, viagère pour les ascendants

et payable jusqu'à seize ans pour les descendants. Cette rente sera égale à 10 o/o du salaire annuel de la victime, sans que le montant total des rentes ainsi allouées puisse dépasser 30 o/o.

Chacune des rentes prévues par le paragraphe C est, le cas échéant, réduite proportionnellement.

Les rentes constituées en vertu de la présente loi sont payables par trimestre; elles sont incessibles et insaisissables.

Les ouvriers étrangers, victimes d'accidents qui cesseront de résider sur le territoire français recevront, pour toute indemnité‘ un capital égal à trois fois la rente qui leur avait été allouée.

Les représentants d'un ouvrier étranger ne recevront aucune indemnité si, au moment de l'accident, ils ne résidaient pas sur le territoire français.

Art. 4. — Le chef d'entreprise supporte en outre les frais médicaux et pharmaceutiques et les frais funéraires. Ces derniers sont évalués à la somme de cent francs (100 fr.) au maximum.

Quant aux frais médicaux et pharmaceutiques, si la victime a fait choix elle-même de son médecin, le chef d'entreprise ne peut être tenu que jusqu'à concurrence de la somme fixée par le juge de paix du canton, conformément aux tarifs adoptés dans chaque départements pour l'assistance médicale gratuite.

Art. 5. — Les chefs d'entreprise peuvent se décharger pendant les trente, soixante ou quatre-vingt-dix premiers jours à partir de l'accident, de l'obligation de payer aux victimes les frais de maladie et l'indemnité temporaire, ou une partie seulement de cette indemnité comme il est spécifié ci-après, s'ils justifient :

1° Qu'ils ont affiliés leurs ouvriers à des sociétés de secours mutuels et pris à leur charge une cote-part de la cotisation qui aura été déterminée d'un commun accord, et en se conformant aux statuts-types approuvés par le Ministre compétent, mais qui ne devra pas être inférieure au tiers de cette cotisation;

2° Que ces sociétés assurent à leurs membres, en cas de blessures, pendant trente, soixante ou quatre-vingt-dix jours, les soins médicaux et pharmaceutiques et une indemnité journalière.

Si l'indemnité journalière servie par la société est inférieure à la moitié du salaire quotidien de la victime, le chef d'entreprise est tenu de lui verser la différence.

Art. 6. — Les exploitants de mines, minières et carrières peuvent se décharger des frais et indemnités mentionnés à l'article précédent moyennant une subvention annuelle versée aux caisses ou sociétés de secours constituées dans ces entreprises en vertu de la loi du 29 juin 1894.

Le montant et les conditions de cette subvention devront être acceptés par la société et approuvés par le Ministre des travaux publics.

Ces deux dispositions seront applicables à tous autres chefs d'industrie qui auront créé en faveur de leurs ouvriers des caisses particulières de secours en conformité du titre III de la loi du 29 juin 1894. L'approbation prévue ci-dessus sera, en ce qui les concerne, donnée par le Ministre du Commerce et de l'Industrie.

Art. 7. — *Indépendamment de l'action résultant de la présente loi, la victime ou ses représentants conservent contre les auteurs de l'accident, autres que le patron ou ses ouvriers et préposés, le droit de réclamer la réparation du préjudice causé, conformément aux règles du droit commun.*

L'indemnité qui leur sera allouée exonérera à due concurrence le chef de l'entreprise des obligations mises à sa charge. Dans le cas où l'accident a entraîné une incapacité permanente ou la mort, cette indemnité devra être attribuée sous formes de rentes servies par la Caisse nationale des retraites.

En outre de cette allocation sous forme de rente, le tiers reconnu responsable pourra être condamné, soit envers la victime, soit envers le chef de l'entreprise, si celui-ci intervient dans l'instance, au paiement des autres indemnités et frais prévus aux articles 3 et 4 ci-dessus.

Cette action contre les tiers responsables pourra même être exercée par le chef de l'entreprise, à ses risques et périls, au lieu et place de la victime ou de ses ayants droit si ceux-ci négligent d'en faire usage.

Art. 8. — Le salaire qui servira de base à la fixation de l'indemnité allouée à l'ouvrier âgé de moins de seize ans ou à l'apprenti victime d'un accident ne sera pas inférieur au salaire le plus bas des ouvriers valides de la même catégorie occupés dans l'entreprise.

Toutefois, dans le cas d'incapacité temporaire, l'indemnité de l'ouvrier âgé de moins de seize ans ne pourra pas dépasser le montant de son salaire.

Art. 9. — Lors du réglement définitif de la rente viagère, après le délai de revision prévu à l'article 19, la victime peut demander que le quart au plus du capital nécessaire à l'établissement de cette rente, calculé d'après les tarifs dressés pour les victimes d'accidents par la caisse des retraites pour la vieillesse, lui soit attribué en espèces.

Elle peut aussi demander que ce capital, ou ce capital réduit du quart au plus comme il vient d'être dit, serve à constituer sur sa tête une rente viagère réversible pour moitié au plus, sur la tête de son conjoint. Dans ce cas, la rente viagère sera diminuée de façon qu'il ne résulte de la réversibilité aucune augmentation de charges pour le chef de l'entreprise.

Le tribunal, en chambre du conseil, statuera sur ces demandes.

Art. 10. — Le salaire servant de base à la fixation des rentes s'entend, pour l'ouvrier occupé dans l'entreprise pendant les douze mois écoulés avant l'accident, de la rémunération effective qui lui a été allouée pendant ce temps, soit en argent, soit en nature.

Pour les ouvriers occupés pendant moins de douze mois avant l'accident, il doit s'entendre de la rémunération effective qu'ils ont reçue depuis leur entrée dans l'entreprise, augmentée de la rémunération moyenne qu'ont reçue, pendant la période nécessaire pour compléter les douze mois, les ouvriers de la même catégorie.

Si le travail n'est pas continu, le salaire annuel est calculé tant d'après la rémunération reçue pendant la période d'activité que d'après le gain de l'ouvrier pendant le reste de l'année.

TITRE II

DÉCLARATION DES ACCIDENTS ET ENQUÊTE

Art. 11. — *Tout accident ayant occasionné une incapacité de travail doit être déclaré dans les quarante-huit heures, non compris les dimanches et jours fériés, par le chef d'entreprise ou ses préposés, au maire de la commune qui en dresse procès-verbal et en délivre immédiatement récépissé.*

La déclaration et le procès-verbal doivent indiquer, dans la forme réglée par décret, les nom, qualité et adresse du chef d'entreprise, le lieu précis, l'heure et la nature de l'accident, les circonstances dans lesquelles il s'est produit, la nature des blessures, les noms et adresses des témoins.

Dans les quatre jours qui suivent l'accident, si la victime n'a pas repris son travail, le chef d'entreprise doit déposer à la mairie, qui lui en délivre immédiatement récépissé, un certificat de médecin indiquant l'état de la victime, les suites probables de l'accident, et l'époque à laquelle il sera possible d'en connaître le résultat définitif.

La déclaration d'accident pourra être faite dans les mêmes conditions par la victime ou ses représentants jusqu'à l'expiration de l'année qui suit l'accident.

Avis de l'accident, dans les formes réglées par décret, est donné immédiatement par le maire à l'inspecteur départemental

*du travail ou à l'ingénieur ordinaire des mines chargé de la sur-
veillance de l'entreprise.*

*L'article 15 de la loi du 2 novembre 1892 et l'article 11 de la
loi du 12 juin 1893 cessent d'être applicables dans les cas visés
par la présente loi.*

Art. 12. — *Dans les vingt-quatre heures qui suivent le dépôt du
cerficat, et au plus tard, dans les cinq jours qui suivent la déclaration de l'accident, le maire transmet au juge de paix du canton
où l'accident s'est produit la déclaration et soit le certificat
médical, soit l'attestation qu'il n'a pas été produit de certificat.*

*Lorsque, d'après le certificat médical, produit en exécution du
paragraphe précédent ou transmis ultérieurement par la victime
à la justice de paix, la blessure paraît devoir entraîner la mor-
ou une incapacité permanente, absolue ou partielle de travail, ou
lorsque la victime est décédée, le juge de paix, dans les vingtt
quatre heures, procède à une enquête à l'effet de rechercher :*

1° La cause, la nature et les circonstances de l'accident ;

*2° Les personnes victimes et le lieu où elles se trouvent, le lieu
et la date de leur naissance ;*

3° La nature des lésions ;

*4° Les ayants droit pouvant, le cas échéant, prétendre à une
indemnité, le lieu et la date de leur naissance.*

5° Le salaire quotidien et le salaire annuel des victimes ;

*6° La société d'assurance à laquelle le chef d'entreprise était
assuré ou le syndicat de garantie auquel il était affilié.*

*Les allocations tarifiées pour le juge de paix et son greffier en
exécution de l'article 29 de la présente loi et de l'article 31 de la
loi de finances du 13 avril 1900 seront avancées par le Trésor.*

Art. 13. — L'enquête a lieu, contradictoirement dans les
formes prescrites par les articles 35, 36, 37, 38 et 39 du Code de
procédure civile, en présence des parties intéressées ou celles-ci
convoquées d'urgence par lettre recommandée.

Le juge de paix doit se transporter auprès de la victime de
l'accident qui se trouve dans l'impossibilité d'assister à l'enquête.

Lorsque le certificat médical ne lui paraîtra pas suffisant, le
juge de paix pourra désigner un médecin pour examiner le
blessé.

Il peut aussi commettre un expert pour l'assister dans l'enquête.

Il n'y a pas lieu, toutefois, à nomination d'expert dans les
entreprises administrativement surveillées, ni dans celles de
l'Etat placées sous le contrôle d'un service distinct du service de
gestion, ni dans les établissements nationaux où s'effectuent des
travaux que la sécurité publique oblige à tenir secrets. Dans ces

divers cas, les fonctionnaires chargés de la surveillance ou du contrôle de ces établissements ou entreprises et, en ce qui concerne les exploitations minières, les délégués à la sécurité des ouvriers mineurs, transmettent au juge de paix, pour être joint au procès-verbal d'enquête, un exemplaire de leur rapport.

Sauf les cas d'impossibilité matérielle dûment constatés dans le procès-verbal, l'enquête doit être close dans le plus bref délai et, au plus tard, dans les dix jours à partir de l'accident. Le juge de paix avertit, par lettre recommandée, les parties de la clôture de l'enquête et du dépôt de la minute au greffe, où elles pourront, pendant un délai de cinq jours, en prendre connaissance et s'en faire délivrer une expédition, affranchie du timbre et de l'enregistrement, A l'expiration de ce délai de cinq jours, le dossier de l'enquête est transmis au président du tribunal civil de l'arrondissement.

Art. 14. — Sont punis d'une amende d'un à quinze francs (1 à 15 fr.) les chefs d'industrie ou leurs préposés qui ont contrevenu aux dispositions de l'article 11.

En cas de récidive dans l'année, l'amende peut être élevée de seize à trois cents francs (16 à 300 fr.).

L'article 463 du Code pénal est applicable aux contraventions prévues par le présent article.

TITRE III

COMPÉTENCE. — JURIDICTIONS. — PROCÉDURE. — REVISION

Art. 15. — Les contestations entre les victimes d'accidents et les chefs d'entreprise relatives aux frais funéraires, aux frais de maladie ou aux indemnités temporaires, sont jugées en dernier ressort par le juge de paix du canton où l'accident s'est produit, à quelque chiffre que la demande puisse s'élever.

Art. 16. — En ce qui touche les autres indemnités prévues par la présente loi, le président du tribunal de l'arrondissement convoque, dans les cinq jours à partir de la transmission du dossier, la victime ou ses ayants droit et le chef d'entreprise, qui peut se faire représenter.

S'il y a accord des parties intéressées, l'indemnité est définitivement fixée par l'ordonnance du président, qui donne acte de cet accord.

Si l'accord n'a pas lieu, l'affaire est renvoyée devant le tribunal, qui statue comme en matière sommaire, conformément au titre 24 du livre II du Code de procédure civile.

Si la cause n'est pas en état, le tribunal surseoit à statuer et l'indemnité temporairé continuera à être servie jusqu'à la décision définitive.

Le tribunal pourra condamner le chef d'entreprise à payer une provision; sa décision sur ce point sera exécutoire nonobstant appel.

Art. 17. — *Les jugements rendus en vertu de la présente loi sont susceptibles d'appel selon les règles du droit commun. Toutefois, l'appel, sous réserve des dispositions de l'article 449 du Code de procédure civile, devra être interjeté dans les trente jours de la date du jugement s'il est contradictoire, et, s'il est par défaut, dans la quinzaine à partir du jour où l'opposition ne sera plus recevable.*

L'opposition ne sera plus recevable en cas de jugement par défaut contre partie, lorsque le jugement aura été signifié à personne, passé le délai de quinze jours à partir de cette signification.

La cour statuera d'urgence dans le mois de l'acte d'appel. Les parties pourront se pourvoir en cassation.

Toutes les fois qu'une expertise médicale sera ordonnée, soit par le juge de paix, soit par le tribunal ou par la cour d'appel, l'expert ne pourra être le médecin qui a soigné le blessé, ni un médecin attaché à l'entreprise ou à la société d'assurance à laquelle le chef d'entreprise est affilié.

Art. 18. — *L'action en indemnité prévue par la présente loi se prescrit par un an à dater du jour de l'accident, ou de la clôture de l'enquête du juge de paix ou de la cessation du payement de l'indemnité temporaire.*

L'article 55 de la loi du 10 août 1871 et l'article 124 de la loi du 5 avril 1884 ne sont pas applicables aux instances suivies contre les départements ou les communes, en exécution de la présente loi.

Art. 19. — La demande en revision de l'indemnité fondée sur une aggravation ou une atténuation de l'infirmité de la victime ou son décès par suite des conséquences de l'accident, est ouverte pendant trois ans à dater de l'accord intervenu entre les partie ou de la décision définitive.

Le titre de pension n'est remis à la victime qu'à l'expiration des trois ans.

Art. 20. — *Aucune des indemnités déterminées par la présente loi ne peut être attribuée à la victime qui a intentionnellement provoqué l'accident.*

Le tribunal a le droit, s'il est prouvé que l'accident est dû à une faute inexcusable de l'ouvrier, de diminuer la pension fixée au titre premier.

Lorsqu'il est prouvé que l'accident est dû à la faute inexcusable du patron ou de ceux qu'il s'est substitué dans la direction, l'indemnité pourra être majorée, mais sans que la rente ou le total des rentes allouées puisse dépasser, soit la réduction, soit le montant du salaire annuel.

En cas de poursuites criminelles, les pièces de procédure seront communiquées à la victime ou à ses ayants droit.

Le même droit appartiendra au patron ou à ses ayants droit.

Art. 21. — Les parties peuvent toujours, après détermination du chiffre de l'indemnité due à la victime de l'accident, décider que le service de la pension sera suspendu et remplacé, tant que l'accord subsistera par tout autre mode de réparation.

Sauf dans le cas prévu à l'article 3, paragraphe A, la pension ne pourra être remplacée par le payement d'un capital que si elle n'est pas supérieure à cent francs (100 fr.).

Art. 22. — *Le bénéfice de l'assistance judiciaire est accordé de plein droit, sur le visa du procureur de la République, à la victime de l'accident ou ses ayants droit devant le président du tribunal civil et devant le tribunal.*

Le procureur de la République procède comme il est prescrit à l'article 13 (§§ 2 et suivants) de la loi du 22 janvier 1851, modifiée par la loi du 10 juillet 1901.

Le bénéfice de l'assistance judiciaire s'applique de plein droit à l'acte d'appel. Le premier président de la cour, sur la demande qui lui sera adressée à cet effet, désignera l'avoué près la cour dont la constitution figurera dans l'acte d'appel, et commettra un huissier pour le signifier.

Si la victime de l'accident se pourvoit devant le bureau d'assistance judiciaire pour en obtenir le bénéfice en vue de toute la procédure d'appel, elle sera dispensée de fournir les pièces justificatives de son indigence.

Le bénéfice de l'assistance judiciaire s'étend de plein droit aux instances devant le juge de paix, à tous les actes d'exécution mobilière et immobilière et à toute contestation incidente à l'exécution des décisions judiciaires.

L'assisté devra faire déterminer par le bureau d'assistance judiciaire de son domicile la nature des actes et procédure d'exécution auxquels l'assistance s'appliquera.

TITRE IV

GARANTIES

Art. 23. — La créance de la victime de l'accident ou de ses ayants droit relative aux frais médicaux, pharmaceutiques et funéraires ainsi qu'aux indemnités allouées à la suite de l'incapacité temporaire de travail, est garantie par le privilège de l'article 2101 du Code civil et y sera inscrite sous le n° 6.

Le payement des indemnités pour incapacité permanente de travail ou accidents suivi de mort est garanti conformément aux dispositions des articles suivants.

Art. 24. — A défaut, soit par les chefs d'entreprise débiteurs, soit par les sociétés d'assurances à primes fixes ou mutuelles, ou les syndicats de garantie liant solidairement tous leurs adhérents de s'acquitter au moment de leur exigibilité, des indemnités mises à leur charge à la suite d'accidents ayant entraîné la mort ou une incapacité permanente de travail, le payement en sera assuré aux intéressés par les soins de la Caisse nationale des retraites pour la vieillesse au moyen d'un fonds spécial de garantie constitué comme il va être dit et dont la gestion sera confiée à ladite caisse.

Art. 25. — Pour la constitution du fonds spécial de garantie, il sera ajouté au principal de la contribution des patentes des industriels visés par l'article premier quatre centimes (o fr. 04) additionnels. Il sera perçu sur les mines une taxe de cinq centimes (o fr. 05) par hectare concédé.

Ces taxes, pourront, suivant les besoins, être majorées ou réduites par la loi de finances.

Art. 26. — La caisse nationale des retraites exercera un recours contre les chefs d'entreprise débiteurs, pour le compte desquels des sommes auront été payées par elle conformément aux dispositions qui précèdent.

En cas d'assurance du chef d'entreprise, elle jouira, pour le remboursement de ses avances, du privilège de l'article 2102 du Code civil sur l'indemnité due par l'assureur et n'aura plus de recours contre le chef d'entreprise.

Un règlement d'administration publique déterminera les conditions d'organisation et de fonctionnement du service conféré par les dispositions précédentes à la caisse nationale des retraites et notamment les formes du recours à exercer contre les chefs d'entreprise débiteurs ou les sociétés d'assurances et les syndicats de garantie, ainsi que les conditions dans lesquelles les victimes d'accidents ou leurs ayants droit seront admis à réclamer à la caisse le payement de leurs indemnités.

Les décisions judiciaires n'emporteront hypothèque que si elles sont rendues au profit de la caisse des retraites exerçant son recours contre les chefs d'entreprise ou les compagnies d'assurances.

Art. 27. — Les compagnies d'assurances mutuelles ou à primes fixes contre les accidents, françaises ou étrangères, sont soumises à la surveillance et au contrôle de l'Etat et astreintes à constituer des réserves ou cautionnements dans les conditions déterminées par un règlement d'administration publique.

Le montant des réserves ou cautionnements sera affecté par privilège au payement des pensions et indemnités.

Les syndicats de garantie seront soumis à la même surveillance et un règlement d'administration publique déterminera les conditions de leur création et de leur fonctionnement.

Les frais de toute nature résultant de la surveillance et du contrôle seront couverts au moyen de contributions proportionnelles au montant des réserves ou cautionnements et fixés annuellement, pour chaque compagnie ou association, par arrêté du Ministre du commerce.

Art. 28. — Le versement du capital représentatif des pensions allouées en vertu de la présente loi ne peut être exigé des débiteurs.

Toutefois, les débiteurs qui désireront se libérer en une fois pourront verser le capital représentatif de ces pensions à la Caisse nationale des retraites qui établira, à cet effet, dans les six mois de la promulgation de la présente loi, un tarif tenant compte de la mortalité des victimes d'accidents et de leurs ayants droit.

Lorsqu'un chef d'entreprise cesse son industrie, soit volontairement, soit par décès, liquidation judiciaire ou faillite, soit par cession d'établissement, le capital représentatif des pensions à sa charge devient exigible de plein droit et sera versé à la Caisse nationale des retraites. Ce capital sera déterminé, au jour de son exigibilité, d'après le tarif visé au paragraphe précédent.

Toutefois, le chef d'entreprise ou ses ayants droit peuvent être exonérés du versement de ce capital, s'ils fournissent des garanties qui seront à déterminer par un règlement d'administration publique.

TITRE V

DISPOSITIONS GÉNÉRALES

Art. 29. — Les procès-verbaux, certificats, actes de notoriété, significations, jugements et autres actes faits ou rendus en vertu et pour l'exécution de la présente loi sont délivrés gratuitement, visés pour timbre et enregistrés gratis lorsqu'il y a lieu à la formalité de l'enregistrement.

Dans les six mois de la promulgation de la présente loi, un

décret déterminera les émoluments des greffiers de justice de paix pour leur assistance et la rédaction des actes de notoriété, procès-verbaux, certificats, significations, jugements, envois de lettres recommandées, extraits, dépôts de la minute d'enquête au greffe, et pour tous les actes nécessités par l'application de la présente loi. ainsi que les frais de transport auprès des victimes et d'enquête sur place.

Art. 30. — Toute convention contraire à la présente loi est nulle de plein droit.

Art. 31. — Les chefs d'entreprise sont tenus, sous peine d'une amende d'un à quinze francs (1 à 15 fr.), de faire afficher dans chaque atelier la présente loi et les règlements d'administration relatifs à son exécution.

En cas de récidive dans la même année, l'amende sera de seize à cent francs (16 à 100 fr.).

Les infractions aux dispositions des articles 11 et 31 pourront être constatées par les inspecteurs du travail.

Art. 32. — Il n'est point dérogé aux lois, ordonnances et règlements concernant les pensions des ouvriers, apprentis et journaliers appartenant aux ateliers de la marine et celles des ouvriers immatriculés des manufactures d'armes dépendant du Ministère de la guerre.

Art. 33. — La présente loi ne sera applicable que trois mois après la publication officielle des décrets d'administration publique qui doivent en régler l'exécution.

Art. 34. — Un règlement d'administration publique déterminera les conditions dans lesquelles la présente loi pourra être appliquée à l'Algérie et aux colonies.

La présente loi, délibérée et adoptée par le Sénat et par la Chambre des députés, sera exécutée comme loi de l'Etat.

Fait à Paris, le 9 avril 1898,

Signé : FÉLIX FAURE.

Le Ministre de l'Intérieur,
Signé : LOUIS BARTHOU.

Le Ministre du Commerce, de l'Industrie,
des Postes et des Télégraphes,
Signé : HENRY BOUCHER.

Le Ministre des Travaux publics,
.Signé : A. TURREL.

Le Garde des sceaux,
Ministre de la Justice et des Cultes,
Signé : V. MILLIARD.

DÉCRET du 28 Février 1899

Règlement d'administration publique pour l'exécution
de l'article 26 de la loi du 9 Avril 1898

Le Président de la République française,

Sur le rapport du Ministre du Commerce, de l'Industrie, des Postes et des Télégraphes,

Vu les avis du Ministre des finances, en date des 5 décembre 1898 et 21 janvier 1899;

Vu l'avis du Ministre de la justice, en date du 29 octobre 1898;

Vu la loi du 9 avril 1898 et notamment le troisième paragraphe de l'article 26 ainsi conçu : « Un règlement d'administration publique déterminera les conditions d'organisation et de fonctionnement du service conféré par les dispositions précédentes à la caisse nationale des retraites et notamment les formes du recours à exercer contre les chefs d'entreprise débiteurs ou les sociétés d'assurances et les syndicats de garantie, ainsi que les conditions dans lesquelles les victimes d'accidents ou leurs ayants droits seront admis à réclamer à la caisse le paiement de leurs indemnités »;

Vu la loi du 20 juillet 1886 et le décret du 28 décembre 1886;

Le Conseil d'Etat entendu,

Décrète :

TITRE PREMIER

CONDITIONS DANS LESQUELLES LES VICTIMES D'ACCIDENTS OU LEURS AYANTS DROIT SONT ADMIS A RÉCLAMER LE PAYEMENT DE LEURS INDEMNITÉS.

Article premier. — Tout bénéficiaire d'une indemnité liquidée en vertu de l'article 16 de la loi du 9 avril 1898, à la suite d'un accident ayant entraîné la mort ou une incapacité permanente de travail, qui n'aura pu obtenir le payement, lors de leur exigibilité, des sommes qui lui sont dues, doit en faire la déclaration au maire de la commune de sa résidence.

Art. 2. — La déclaration est faite soit par le bénéficiaire de l'indemnité ou son représentant légal, soit par un mandataire ; elle est exempte de tous frais.

Art. 3. — La déclaration doit indiquer :
1° Les nom, prénoms, âge, nationalité, état civil, profession, domicile du bénéficiaire de l'indemnité ;
2° Les nom et domicile du chef d'entreprise débiteur ou la dés gnation et l'indication du siège de la société d'assurances ou du syndicat de garantie qui aurait dû acquitter la dette à ses lieu et place ;
3° La nature de l'indemnité et le montant de la créance réclamée ;
4° L'ordonnance ou le jugement en vertu duquel agit le bénéficiaire ;
5° Le cas échéant, les nom, prénoms, profession et domicile du représentant légal du bénéficiaire ou du mandataire.

Art. 4. — La déclaration, rédigée par les soins du maire, est signée par le déclarant.
Le maire y joint toutes les pièces qui lui sont remises par le réclamant à l'effet d'établir l'origine de la créance, ses modifications ultérieures et le refus de payement opposé par le débiteur : chef d'entreprise, société d'assurance ou syndicat de garantie.

Art. 5. — Récépissé de la déclaration et des pièces qui l'accompagnent est remis par le maire au déclarant.
La déclaration et les pièces produites a l'appui sont transmises par le maire au directeur général de la Caisse des dépôts et consignations dans les vingt-quatre heures.

Art. 6. — Le directeur général de la Caisse des dépôts et congnations adresse, dans les quarante-huit heures à partir de sa réception, le dossier au juge de paix du domicile du débiteur, en l'invitant à convoquer celui-ci d'urgence par lettre recommandée.

Art. 7. — Le débiteur doit comparaître au jour fixé par le juge de paix soit en personne, soit par mandataire.
Il lui est donné connaissance de la réclamation formulée contre lui.
Procès-verbal est dressé par le juge de paix des déclarations faites par le comparant, qui appose sa signature sur le procès-verbal.

Art. 8. — Le comparant qui ne conteste ni la réalité ni le montant de la créance est invité par le juge de paix soit à s'acquitter par devant lui, soit à expédier au réclamant la somme due au moyen d'un mandat-carte et à communiquer au greffe le récépissé de cet envoi.
Cette communication doit être effectuée, au plus tard, le deuxième jour qui suit la comparution devant le juge de paix.

Le juge de paix statue sur le payement des frais de convocation.

Il constate, s'il y a lieu, dans son procès-verbal la libération du débiteur.

Art. 9. — Dans le cas où le comparant, tout en reconnaissant la réalité ou le montant de sa dette, déclare ne pas être en état de s'acquitter immédiatement, le juge de paix est autorisé, si les motifs invoqués paraissent légitimes, à lui accorder pour sa libération un délai qui ne peut excéder un mois.

Dans ce cas, en vue du payement immédiat prévu à l'article 13 ci-dessous, le procès-verbal dressé par le juge de paix constate la reconnaissance de dette et l'engagement pris par le comparant de se libérer dans le délai qui lui aura été accordé au moyen soit d'un versement entre les mains du caissier de la Caisse des dépôts et consignations à Paris ou des préposés de la Caisse dans les départements, soit de l'expédition d'un mandat-carte payable au caissier général à Paris.

Art. 10. — Si le comparant déclare ne pas être débiteur du réclamant ou n'être que partiellement son débiteur, le juge de paix constate dans son procès-verbal le refus total ou partiel de payement et les motifs qui en ont été donnés.

Il est procédé pour l'acquittement de la somme non contestée suivant les dispositions des articles 8 ou 9, tous droits restant réservés pour le surplus.

Art. 11. — Au cas où le débiteur convoqué ne comparaît pas au jour fixé, le juge de paix procède dans la huitaine à une enquête à l'effet de rechercher :

1° Si le débiteur convoqué n'a pas changé de domicile;

2° S'il a cessé son industrie soit volontairement, soit par cession d'établissement, soit par suite de faillite ou de liquidation judiciaire et, dans ce cas, quel est le syndic ou le liquidateur, soit par suite de décès et, dans l'affirmative, par qui sa succession est représentée.

Le procès-verbal dressé par le juge de paix constate la non-comparution et les résultats de l'enquête.

Art. 12. — Dans les deux jours qui suivent soit la libération immédiate du débiteur, soit sa comparution devant le juge de paix au cas où il a refusé le payement ou obtenu un délai, soit la clôture de l'enquête dont il est question en l'article précédent, le juge de paix adresse au directeur général de la Caisse des dépôts et consignations le dossier et y joint le procès-verbal par lui dressé.

Art. 13. — Dès la réception du dossier, s'il résulte du procès-verbal dressé par le juge de paix que le débiteur n'a pas contesté sa dette, mais ne s'en est pas libéré, ou si les motifs invoqués pour refuser le payement ne paraissent pas légitimes, le directeur-général de la Caisse des dépôts et consignations remet au réclamant ou lui adresse, par mandat-carte, la somme à laquelle il a droit. Il fait parvenir également au greffier de la justice de paix le montant de ses déboursés et émoluments.

Il est procédé de même, si le débiteur ne s'est pas présenté devant le juge de paix et si la réclamation du bénéficiaire de l'indemnité paraît justifiée.

Art. 14. — Dans le cas où les motifs invoqués par le comparant pour refuser le payement paraissent fondés ou, en cas de non-comparution, si la réclamation formulée par le bénéficiaire ne semble pas suffisamment justifiée, le directeur général de la Caisse des dépôts et consignations renvoie, par l'intermédiaire du maire, au réclamant le dossier par lui produit en lui laissant le soin d'agir contre la personne dont il se prétend le créancier, conformément aux règles du droit commun.

Le montant des déboursés et émoluments du greffier est en ce cas, acquitté par les soins du directeur général imputé sur les fonds de garantie.

TITRE II

DU RECOURS DE LA CAISSE DES RETRAITES POUR LE RECOUVREMENT DE SES AVANCES ET POUR L'ENCAISSEMENT DES CAPITAUX EXIGIBLES

Art. 15. — Le recours de la Caisse nationale des retraites est exercé aux requête et diligence du directeur général de la Caisse des dépôts et consignations, dans les conditions énoncées aux articles suivants.

Art. 16. — Dans les cinq jours qui suivent le payement fait au bénéficiaire de l'indemnité et au greffier de la justice de paix, conformément aux articles 13 et 14, ou à l'expiration du délai dont il est question à l'article 9, si le remboursement n'a pas été opéré dans ce délai, le directeur général de la Caisse des dépôts et consignations informe le débiteur, par lettre recommandée, du payement effectué pour son compte.

La lettre recommandée fait en même temps connaître que, faute par le débiteur d'avoir remboursé dans un délai de quinzaine le montant de la somme payée, d'après un des modes prévus au dernier alinéa de l'article 9, le recouvrement sera poursuivi par la voie judiciaire.

Art. 17. — A l'expiration du délai imparti par le deuxième alinéa de l'article 16 ci-dessus, il est délivré par le directeur général de la Caisse des dépôts et consignations, à l'encontre du débiteur qui ne s'est pas acquitté, une contrainte pour le recouvrement.

Art. 18. — La contrainte décernée par le directeur général de la Caisse des dépôts et consignations est visée et déclarée exécutoire par le juge de paix du domicile du débiteur.
Elle est signifiée par ministère d'huissier.

Art. 19. — L'exécution de la contrainte ne peut être interrompue que par une opposition formée par le débiteur et contenant assignation donnée au directeur général de la Caisse des dépôts et consignations devant le tribunal civil du domicile du débiteur.

Art. 20. — L'instance à laquelle donne lieu l'opposition à contrainte est suivie dans les formes et délais déterminés par l'article 65 de la loi du 22 frimaire an VII sur l'enregistrement.

Art. 21. — Les frais de poursuites et dépens de l'instance auxquels a été condamné le débiteur débouté de son opposition sont recouvrés par le directeur général de la Caisse des dépôts et consignations au moyen d'un état de frais taxé sur sa demande et rendu exécutoire par le président du tribunal.

Art. 22. — Lorsque le capital représentatif d'une pension est, conformément aux termes de l'article 28 de la loi du 9 avril 1898, devenu exigible par suite de la faillite ou de la liquidation judiciaire du débiteur, le directeur général de la Caisse des dépôts et consignations représentant la caisse nationale des retraites pour la vieillesse demande l'admission au passif pour le montant de sa créance.
Il est procédé, dans ce cas, conformément aux dispositions des articles 491 et suivants du Code de commerce et de la loi du 4 mars 1889 sur la liquidation judiciaire.

Art. 23. — En cas d'exigibilité du capital par suite d'une des circonstances prévues en l'article 28 de la loi du 9 avril 1898 autre que la faillite ou la liquidation judiciaire du débiteur, le directeur général de la Caisse des dépôts et consignations, par lettre recommandée, met en demeure le débiteur ou ses représentants d'opérer dans les deux mois qui suivront la réception de la lettre le versement à la caisse nationale des retraites du capital exigible à moins qu'il ne soit justifié que les garanties prescrites par le décret du 28 février 1899, portant règlement d'administration publique en exécution de l'article 28 de la loi ci-dessus visée, ont été fournies.

Art. 24. — Si, à l'expiration du délai de deux mois, le versement n'a pas été effectué ou les garanties exigées n'ont pas été fournies, il est procédé au recouvrement dans les mêmes conditions et suivant les formes énoncées aux articles 17 à 21 du présent décret.

Art. 25. — En dehors du délai fixé par les dispositions qui

2

précèdent, le directeur de la Caisse des dépots et consignations peut accorder au débiteur tous délais ou toutes facilités de payement.

Le directeur général peut également transiger.

TITRE III

ORGANISATION DU FONDS DE GARANTIE

Art. 26. — Le fonds de garantie institué par les articles 24 et 25 de la loi du 9 avril 1898 fait l'objet d'un compte spécial ouvert dans les écritures de la Caisse des dépôts et consignations.

Art. 27. — Le Ministre du Commerce adresse au Président de la République un rapport annuel, publié au *Journal officiel,* sur le fonctionnement général du fonds de garantie visé par les articles 24 à 26 de la loi du 9 avril 1898.

Art. 28. — Les recettes du fonds de garantie comprennent :
1° Les versements effectués par le Trésor public, représentant le montant des taxes recouvrées en conformité de l'article 25 de la loi du 9 avril 1898 ;
2° Les recouvrements effectués sur les débiteurs d'indemnités dans les conditions prévues aux titres I et II du présent décret ;
3° Les revenus et arrérages et le produit du remboursement des valeurs acquises en conformité de l'article 30 du présent décret ;
4° Les intérêts du fonds de roulement prévu au deuxième alinéa du même article.

Art. 29. — Les dépenses du fonds de garantie comprennent :
1° Les sommes payées aux bénéficiaires des indemnités ;
2° Les sommes versées sur des livrets individuels à la caisse nationale des retraites pour la vieillesse et représentant les capitaux de pensions exigibles dans les cas prévus par l'article 28, paragraphe 3, de la loi du 9 avril 1898 ;
3° Le montant des frais de toute nature auxquels donne lieu le fonctionnement de fonds de garantie.

Art. 30. — Les ressources du fonds de garantie sont employées dans les conditions prescrites par l'article 22 de la loi du 20 juillet 1886.

Les sommes liquides reconnues nécessaires pour assurer le fonctionnement du fonds de garantie sont bonifiées d'un intérêt calculé à un taux égal à celui qui est adopté par le compte courant ouvert à la Caisse des dépôts et consignations dans les écritures du Trésor public.

Art. 31. — Le Ministre du Commerce, de l'Industrie, des Postes et des Télégraphes, le Ministre des Finances et le Garde des Sceaux, Ministre de la Justice, sont chargés, chacun en ce qui le concerne, de l'exécution du présent décret, qui sera publié au *Journal officiel* de la République française et inséré au *Bulletin des lois.*

Fait à Paris, le 28 février 1899.

Signé : ÉMILE LOUBET.

Le Ministre du Commerce, de l'Industrie,
des Postes et des Télégraphes,
Signé : PAUL DELOMBRE.

Le Ministre des Finances,
Signé : P. PEYTRAL.

Le Garde des Sceaux, Ministre de la Justice,
GEORGES LEBRET.

DÉCRET du 28 Février 1899

Règlement d'administration publique pour l'exécution de l'article 27 de la loi du 9 Avril 1898

LE PRÉSIDENT DE LA RÉPUBLIQUE FRANÇAISE,

SUR LE RAPPORT DU MINISTRE DU COMMERCE, DE L'INDUSTRIE, DES POSTES ET DES TÉLÉGRAPHES,

Vu l'avis du Ministre des finances, en date du 5 décembre 1898;

Vu la loi du 9 avril 1898 et notamment l'article 27 ainsi conçu :

« Les compagnies d'assurances mutuelles ou à primes fixes contre les accidents, françaises ou étrangères, sont soumises à la surveillance et au contrôle de l'Etat et astreintes à constituer des réserves ou cautionnements dans les conditions déterminées par un règlement d'administration publique.

« Le montant des réserves ou cautionnements sera affecté par privilège au payement des pensions et indemnités.

« Les syndicats de garantie seront soumis à la même surveillance et un règlement d'administration publique déterminera les conditions de leur création et de leur fonctionnement.

« Les frais de toute nature résultant de la surveillance et du contrôle seront couverts au moyen de contributions proportionnelles au montant des réserves ou cautionnements et fixés annuellement, pour chaque compagnie ou association, par arrêté du Ministre du Commerce. »

Vu le décret du 22 janvier 1868, portant règlement d'administration publique pour la constitution des sociétés d'assurances ;

Le Conseil d'Etat entendu,

Décrète :

TITRE PREMIER

Sociétés d'assurances mutuelles ou à primes fixes

Chapitre Iᵉʳ. — *Cautionnements et réserves.*

Article premier. — Toutes les sociétés qui pratiquent, dans les termes de la loi du 9 avril 1898, l'assurance mutuelle ou à primes fixes contre le risque des accidents de travail ayant entraîné la mort ou une incapacité permanente sont astreintes, pour ce risque, aux dispositions du présent titre.

Art. 2. — Indépendamment des garanties spécifiées aux articles 2 et 4 du décret du 22 janvier 1868 et de la réserve mathématique, les sociétés anonymes d'assurances françaises ou étrangères à primes fixes doivent justifier de la constitution préalable d'un cautionnement fixé d'après des bases que détermine le Ministre, sur l'avis du comité consultatif prévu à l'article 16 ci-après, et affecté, par privilège, au payement des pensions et indemnités, conformément à l'article 27 de la loi.

Art. 3. — Le cautionnement est constitué, dans les quinze jours de la notification de la décision du Ministre, à la Caisse des dépôts et consignations en valeurs énumérées au troisième paragraphe de l'article 8 ci-dessous. Il est revisé chaque année. Les titres sont estimés au cours moyen de la Bourse de Paris au jour du dépôt.

Art. 4. — Le cautionnement est versé au lieu où la Société a son siège principal, dans les conditions déterminées par les lois et règlements en vigueur sur la consignation des valeurs mobilières.

Les intérêts des valeurs déposées peuvent être retirés par la Société. Il en est de même, en cas de remboursement des titres avec primes ou lots, de la différence entre le prix de remboursement et le cours moyen à la Bourse de Paris, au jour fixé pour le remboursement, de la valeur sortie au tirage.

Le montant des remboursements, déduction faite de cette différence, doit être immédiatement remployé en achat de valeurs visées au troisième paragraphe de l'article 8, sur l'ordre de la société ou d'office en rentes sur l'Etat, si la société n'a pas donné d'ordres dans les quinze jours de la notification de remboursement faite, sous pli recommandé, par la Caisse des dépôts et consignations.

Il en est de même pour les fonds provenant d'aliénations de titres demandées par la société.

Art. 5. — Les valeurs déposées ou les valeurs acquises en remploi de ces valeurs ne peuvent être retirées que : 1° dans le cas où le cautionnement exigible a été fixé, pour l'année courante, à un chiffre inférieur à celui de l'année précédente et jusqu'à concurrence de la différence; 2° dans le cas où la société ayant versé à la Caisse nationale des retraites les capitaux constitutifs des rentes et indemnités assurés justifie qu'elle a complètement rempli toutes ses obligations. Dans les deux cas, une décision du Ministre du Commerce est nécessaire.

Art. 6. — Indépendamment des garanties spécifiées à l'article 29 du décret du 22 janvier 1868, les sociétés d'assurances mutuelles sont soumises aux dispositions des articles 2, 3, 4 et 5 ci-dessus.

Toutefois, le cautionnement qu'elles auront à verser est réduit de moitié pour celles de ces sociétés dont les statuts stipulent :

1° Que la société ne peut assurer que tout ou partie des risques prévus par l'article 3 de la loi du 9 avril 1898;

2° Qu'elle assure exclusivement, soit les ouvriers d'une seule profession, soit les ouvriers de professions appartenant à un même groupe d'industrie, d'après une classification générale arrêtée à cet effet par le Ministre du Commerce, après avis du comité consultatif;

3° Que le maximum de contribution annuelle dont chaque sociétaire est passible pour le payement des sinistres est au moins double de la prime totale fixée par son contrat pour l'assurance de tous les risques, et triple de la prime partielle déterminée par le Ministre du Commerce, après avis du comité consultatif, pour les mêmes professions et pour les risques définies à l'article 23 de la loi.

Art. 7. — Les sociétés anonymes d'assurances à primes fixes et les sociétés mutuelles d'assurances sont tenues de justifier, dès la deuxième année d'exploitation, de la constitution d'une *réserve mathématique* ayant pour minimum de valeur le montant des capitaux représentatifs des rentes et indemnités à servir à la suite d'accidents ayant entraîné la mort ou une incapacité permanente.

Les capitaux représentatifs sont calculés d'après un barême minimum déterminé par le Ministre du Commerce, après avis du comité consultatif.

Art. 8. — Le montant de la réserve mathématique est arrêté chaque année, la société entendue, par le Ministre du Commerce et à l'époque qu'il détermine.

Cette réserve reste aux mains de la société. Elle ne peut être placée que dans les conditions suivantes :

1° Pour les deux tiers au moins de la fixation annuelle, en valeurs de l'Etat ou jouissant d'une garantie de l'Etat; en obligations négociables et entièrement libérées des départements, des communes et des chambres de commerce; en obligations foncières et communales du Crédit foncier;

2° Jusqu'à concurrence du tiers au plus de la fixation annuelle, en immeubles situés en France et en premières hypothèques sur ces immeubles pour la moitié au maximum de leur valeur estimative;

3° Jusqu'à concurrence d'un dixième, confondu dans le tiers précédent, en commandites industrielles ou en prêts à des exploitations industrielles de solvabilité notoire.

Pour la fixation prévue au paragraphe 1er du présent article, les valeurs mobilières sont estimées à leur prix d'achat. Si leur valeur totale descend au-dessous de ces prix de plus d'un dixième, un arrêté du Ministre du Commerce oblige la société à parfaire la différence en titres nouveaux, dans un délai qui ne peut être inférieur à deux ans ni supérieur à cinq ans.

Les immeubles sont estimés à leur prix d'achat ou de revient, les prêts hypothécaires, les commandites industrielles ou les prêts à des sociétés industrielles, aux prix établis par actes authentiques.

Art. 9. — Si les sociétés visées aux articles 2 et 6 ci-dessus ne font point elles-mêmes le service des rentes et indemnités attribuables aux termes de l'article 3 de la loi du 9 avril 1898 pour les accidents ayant entraîné la mort ou une incapacité permanente de travail et si elles opèrent immédiatement le versement des capitaux constitutifs de ces rentes et indemnités à la Caisse nationale des retraites, il n'y a pas lieu pour elles à constitution de réserve mathématique.

Si ces sociétés versent seulement, dans les conditions susdésignées, une partie des capitaux constitutifs dont il s'agit, leur réserve mathématique est réduite proportionnellement.

CHAPITRE II. — *Surveillance et contrôle.*

Art. 10. — Les sociétés visées à l'article 1er qui assurent d'autres risques que celui résultant de l'application de la loi du 9 avril 1898 pour le cas de mort ou d'incapacité permanente ou qui assurent concurremment un risque analogue dans des pays étrangers doivent établir pour les opérations se rattachant à ce risque en France, une gestion et une comptabilité absolument distinctes.

Art. 11. — Toutes les sociétés doivent communiquer immédiatement au Ministre du Commerce dix exemplaires de tous les règlements, tarifs, polices, prospectus et imprimés distribués ou utilisés par elles.

Les polices doivent :

1° Reproduire textuellement les articles, 3, 9, 19 et 30 de la loi du 9 avril 1898;

2° Spécifier qu'aucune clause de déchéance ne pourra être opposée aux ouvriers créanciers;

3° Stipuler que les contrats se trouveraient résiliés de plein droit, dans le cas où la société cesserait de remplir les conditions fixées par la loi et le présent décret.

Art. 12. — Les sociétés doivent produire au Ministre du Commerce, aux dates fixées par lui :

1° Le compte rendu détaillé annuel de leurs opérations, avec des tableaux financiers et statistiques annexes dans les conditions déterminées par arrêté ministériel, après avis du comité consultatif. Ce compte rendu doit être délivré par les sociétés intéressées à toute personne qui en fait la demande, moyennant payement d'une somme qui ne peut excéder 1 franc.

2° L'état des salaires assurés et l'état des rentes et indemnités correspondant au risque spécifié à l'article 1er, ainsi que tous autres états ou documents manuscrits que le Ministre juge nécessaires à l'exercice du contrôle.

Art. 13. — Elles sont soumises à la surveillance permanente de commissaires-contrôleurs, sous l'autorité du Ministre du Commerce, et peuvent être en outre contrôlées par toute personne spécialement déléguée à cet effet par le Ministre.

Art. 14. — Les commissaires-contrôleurs sont recrutés, dans les conditions déterminées par arrêté du Ministre du Commerce, après avis du Comité consultatif.

Ils prêtent serment de ne pas divulguer les secrets commerciaux dont ils auraient connaissance dans l'exercice de leurs fonctions.

Ils sont spécialement accrédités pour des périodes fixées, auprès des sociétés qu'ils ont mission de surveiller.

Ils vérifient, au siège des sociétés, l'état des assurés et des salaires assurés, les contrats intervenus, les écritures et pièces comptables, la caisse, le portefeuille, les calculs des réserves et tous les éléments de contrôle propres, soit à établir les opérations dont résultent des obligations pour les sociétés, soit à constater la régulière exécution tant des statuts que des prescriptions contenues dans le décret du 22 janvier 1868, dans le présent décret et dans les arrêtés ministériels qu'il prévoit.

Ils se bornent à ces vérifications et constatations, sans pouvoir donner aux sociétés aucune instruction ni apporter à leur fonctionnement aucune entrave.

Ils rendent compte au Ministre du Commerce, qui seul prescrit, dans les formes et délais qu'il fixe, les redressements nécessaires.

Art. 15. — A l'aide des rapports de vérification et des contrevérifications auxquelles il peut faire procéder soit d'office, soit à la demande des sociétés intéressées, le Ministre du Commerce présente chaque année au Président de la République un rapport d'ensemble établissant la situation de toutes les sociétés soumises à la surveillance.

Il adresse, le cas échéant, à chacune des sociétés les injonctions nécessaires et la met en demeure de s'y conformer.

Art. 16. — Il est constitué auprès du Ministre du Commerce un « comité consultatif des assurances contre les accidents du travail » dont l'organisation est réglée par arrêté du Ministre.

Ce Comité doit être consulté dans les cas spécifiés par le présent décret et par les décrets du même jour, rendus en exécution des articles 26 et 28 de la loi du 9 avril 1898. Il peut être saisi par le Ministre de toutes autres questions relatives à l'application de ladite loi.

Art. 17. — Le décret du 22 janvier 1868 demeure applicable aux sociétés régies par le présent décret, en toutes celles de ses dispositions qui ne lui sont pas contraires.

Art. 18. — Chaque année, avant le 1ᵉʳ décembre, le Ministre du Commerce, arrête, après avis du comité consultatif, et publie au *Journal officiel* la liste des sociétés mutuelles ou à primes fixes, françaises ou étrangères, qui fonctionnent dans les conditions prévus par les articles 26 et 27 de la loi du 9 avril 1898 et par le présent décret.

Art. 19. — Dès que, après fixation du cautionnement, dans les conditions déterminées par les articles 2 et 6 ci-dessus, chaque société actuellement existante aura effectué à la Caisse des dépôts et consignations le versement du montant de ce cautionnement, mention de cette formalité sera faite au *Journal officiel* par les soins du Ministre du Commerce, en attendant la publication de la première liste générale prévue à l'article 18.

Il en sera de même ultérieurement pour les sociétés constituées après publication de la liste générale annuelle.

Art. 20. — Les sociétés étrangères doivent accréditer auprès du Ministre du Commerce et de la Caisse des dépôts et consignations un agent spécialement préposé à la direction de toutes les opérations faites en France pour les assurances visées par l'article 1ᵉʳ.

Cet agent représente seul la société auprès de l'administration. Il doit être domicilié en France.

TITRE II

SYNDICATS DE GARANTIE

Art. 21. — Les syndicats de garantie prévus par la loi du 9 avril 1898 lient solidairement tous leurs adhérents pour le payement des rentes et indemnités attribuables en vertu de la même loi à la suite d'accidents ayant entrainé la mort ou une incapacité permanente.

La solidarité ne prend fin que lorsque le syndicat de garantie a liquidé entièrement ses opérations soit directement, soit en versant à la caisse nationale des retraites l'intégralité des capitaux constitutifs des rentes et indemnités dues.

La liquidation peut être périodique.

Art. 22. — Ces syndicats de garantie doivent comprendre au moins 5.000 ouvriers assurés et 10 chefs d'entreprise adhérents, dont 5 ayant au moins chacun 300 ouvriers.

Art. 23. — Le fonctionnement de chaque syndicat est réglé par des statuts, qui doivent être soumis, avant toute opération, à l'approbation du Gouvernement.

Il est statué, par décret rendu en Conseil d'Etat, sur le rapport du Ministre du Commerce, après avis du comité consultatif des assurances contre les accidents du travail, au vu des statuts souscrits et des pièces justifiant des conditions et des engagements prévus aux articles 21 et 22 ci-dessus.

Art. 24. — Le décret portant approbation des statuts règle :

1° Le fonctionnement de la surveillance et du contrôle, dans des conditions analogues à celles que détermine le chapitre II du titre 1er du présent décret;

2° Les conditions dans lesquelles l'approbation peut être révoquée et les mesures à prendre, en ce cas, pour le versement des capitaux constitutifs des pensions et indemnités en cours.

Art. 25. — Les contributions pour frais de surveillance sont fixées d'après le montant du cautionnement auquel serait astreinte une société d'assurance pour le même chiffre de salaires assurés.

Art. 26. — Le Ministre du Commerce, de l'Industrie, des Postes et des Télégraphes et le Ministre des Finances sont chargés, chacun, en ce qui le concerne, de l'exécution du présent décret, qui sera publié au *Journal officiel* de la République française et inséré au *Bulletin des lois*.

Fait à Paris, le 28 février 1899.

Signé : EMILE LOUBET.

Par le Président de la République :

Le Ministre du Commerce, de l'Industrie,
des Postes et des Télégraphes,
Signé : PAUL DELOMBRE.

Le Ministre des Finances.
Signé : P. PEYTRAL.

DÉCRET du 28 Février 1899

Portant règlement d'administration publique pour l'exécution du dernier alinéa de l'article 28 de la loi du 9 avril 1898.

LE PRÉSIDENT DE LA RÉPUBLIQUE FRANÇAISE,

SUR LE RAPPORT DU MINISTRE DU COMMERCE, DE L'INDUSTRIE, DES POSTES ET DES TÉLÉGRAPHES;

Vu l'avis du Ministre des Finances, en date du 2 février 1899 ;

Vu la loi du 9 avril 1898 et notamment les deux derniers alinéas de son article 28 ainsi conçus :

« Lorsqu'un chef d'entreprise cesse son industrie, soit volontairement, soit par décès, liquidation judiciaire ou faillite, soit par cession d'établissement, le capital représentatif des pensions à sa charge devient exigible de plein droit et sera versé à la caisse nationale des retraites. Ce capital sera déterminé au jour de son exigibilité, d'après le tarif visé au paragraphe précédent.

« Toutefois, le chef d'entreprise ou ses ayants droit peuvent être exonérés du versement de ce capital s'ils fournissent des garanties qui seront à déterminer par un règlement d'administration publique »;

Vu le décret du 28 février 1899 (1), portant règlement d'administration publique en exécution de l'article 26 de la loi ci-dessus visée et notamment les articles 22 à 25 dudit décret relatifs à l'exigibilité des capitaux représentatifs des pensions dues en vertu de la loi du 9 avril 1898 ;

Vu le décret du même jour, portant règlement d'administration publique en exécution de l'article 27 de la loi ci-dessus visée, et notamment le titre II relatif aux syndicats de garantie prévus par ladite loi ;

Le Conseil d'Etat entendu,

DÉCRÈTE :

Article premier. — Lorsqu'un chef d'entreprise cesse son industrie dans les cas prévus par l'avant-dernier alinéa de l'article 28 de la loi du 9 avril 1898, ce chef d'entreprise ou ses ayants droit peuvent être exonérés du versement à la caisse

---

(1) Voir ce décret page 13.

nationale des retraites du capital représentatif des pensions à leur charge s'ils justifient :

1° Soit du versement de ce capital à une des sociétés visées à l'article 18 du décret du 28 février 1899, portant règlement d'administration publique en exécution de l'article 27 de la loi ci-dessus visée;

2° Soit de l'immatriculation d'un titre de rente pour l'usufruit au nom des titulaires de pensions, le montant de la rente devant être au moins égal à celui de la pension;

3° Soit du dépôt à la Caisse des dépôts et consignations, avec affectation à la garantie des pensions, de titres spécifiés au paragraphe 3 de l'article 8 du décret précité. La valeur de ces titres, établie d'après le cours moyen de la Bourse de Paris au jour du dépôt, doit correspondre au chiffre maximum qu'est susceptible d'atteindre le capital constitutif exigible par la caisse nationale des retraites. Elle peut être revisée tous les trois ans à la valeur actuelle des pensions, d'après le cours moyen des titres au jour de la revision;

4° Soit de l'affiliation du chef d'entreprise à un syndicat de garantie liant solidairement tous ses membres et garantissant le payement des pensions;

5° Soit, en cas de cession d'établissement, de l'engagement pris par le cessionnaire, vis-à-vis du directeur général de la Caisse des dépôts et consignations, d'acquitter les pensions dues et de rester solidairement responsable avec le chef d'entreprise.

Art. 2. — Des arrêtés du Ministre du Commerce, pris après avis du comité consultatif des assurances contre les accidents, règlent les mesures nécessaires à l'application du présent décret.

Art. 3. — Le Ministre du Commerce, de l'Industrie, des Postes et des Télégraphes et le Ministre des Finances sont chargés, chacun en ce qui le concerne, de l'exécution du présent décret, qui sera publié au *Journal officiel* de la République française et inséré au *Bulletin des lois*.

Fait à Paris, le 28 février 1899.

Signé : ÉMILE LOUBET.

Le Ministre des Finances,

Signé : P. PEYTRAL.

Le Ministre du Commerce, de l'Industrie, des Postes et des Télégraphes,

Signé : PAUL DELOMBRE.

DÉCRET du 23 Mars 1902

Application de la loi du 22 mars 1902, modifiant certains articles de la loi du 9 avril 1898

Le Président de la République française,

Sur le rapport du Ministre du Commerce, de l'Industrie, des Postes et des Télégraphes;

Vu la loi du 9 avril 1898 concernant les responsabilités des accidents dont les ouvriers sont victimes dans leur travail, modifiée par la loi du 22 mars 1902;

Vu spécialement l'article 11 et le premier alinéa de l'article 12 ainsi conçus :

« **Art. 11.** — Tout accident ayant occasionné une incapacité de travail doit être déclaré dans les quarante-huit heures, non compris les dimanches et jours fériés, par le chef d'entreprise ou ses préposés au maire de la commune, qui en dresse procès-verbal et en délivre immédiatement récépissé.

« La déclaration et le procès-verbal doivent indiquer, dans la forme réglée par décret, les nom, qualités et adresse du chef d'entreprise, le lieu précis, l'heure et la nature de l'accident, les circonstances dans lesquelles il s'est produit, la nature des blessures, les noms et adresses des témoins.

« Dans les quatre jours qui suivent l'accident, si la victime n'a pas repris son travail, le chef d'entreprise doit déposer à la mairie, qui lui en délivre immédiatement récépissé, un certificat de médecin indiquant l'état de la victime, les suites probables de l'accident et l'époque à laquelle il sera possible d'en connaître le résultat définitif.

« La déclaration d'accident pourra être faite dans les mêmes conditions par la victime ou ses représentants jusqu'à l'expiration de l'année qui suit l'accident.

« Avis de l'accident, dans les formes réglées par ce décret, est donné immédiatement par le maire à l'inspecteur départemental du travail ou à l'ingénieur ordinaire des mines chargé de la surveillance de l'entreprise.

« L'article 15 de la loi du 2 novembre 1892 et l'article 11 de la loi du 12 juin 1893 cessent d'être applicables dans les cas visés par la présente loi.

« **Art. 12.** — Dans les vingt-quatre heures qui suivent le dépôt du certificat et, au plus tard, dans les cinq jours qui suivent la déclaration de l'accident, le maire transmet au juge de paix du canton où l'accident s'est produit, la déclaration et, soit le certificat médical, soit l'attestation qu'il n'a pas été produit de certificat »;

Vu les décrets des 30 juin et 18 août 1899 relatifs à l'application des articles 11 et 12 de la loi du 9 avril 1898,

DÉCRÈTE :

Article premier. — Pour chaque victime d'un accident ayant occasionné une incapacité de travail, dans les cas prévus par la loi du 9 avril 1898, la déclaration de l'accident, le récépissé de cette déclaration, le procès-verbal du maire, le dépôt du certificat médical, le récépissé de ce dépôt, la transmission de pièces à la justice de paix, l'avis au service d'inspection, seront établis conformément aux sept modèles annexes au présent décret (1).

Art. 2. — Le présent décret aura effet à dater du 1ᵉʳ mai 1902. Sont rapportés, à la même date, les décrets des 30 juin et 18 août 1899.

Art. 3. — Le Ministre du Commerce, de l'Industrie, des Postes et des Télégraphes, est chargé de l'exécution du présent décret qui sera publié au *Journal officiel* de la République française et inséré au *Bulletin des lois*.

Fait à Paris, le 23 mars 1902.

EMILE LOUBET.

Par le Président de la République :

Le Ministre du Commerce,
de l'Industrie, des Postes et des Télégraphes,

A. MILLERAND.

---

(1) Suivent seulement les modèles I, II, IV, V, spécialement employés par les chefs d'entreprises ou les victimes d'accidents, les sept modèles se trouvent reproduits dans notre édition complète de la législation sur les accidents du travail.

MODÈLE I

DÉCLARATION D'ACCIDENT DU TRAVAIL[a]

(Art. 11 de la loi du 9 avril 1898, modifié par la loi du 22 mars 1902.)

---

(1) Indiquer les nom, prénoms, profession et adresse, soit du chef d'entreprise, s'il fait la déclaration lui-même, soit de son préposé, en mentionnant son emploi dans l'entreprise, soit des représentants de la victime, en mentionnant à quel titre ils la représentent (père, mère, conjoint, enfant, mandataire, etc.).
Si la déclaration est faite par la victimes elle-même, indiquer ici les renseignements prévus ci-après sous le n° 3.

(2 Indiquer la nature de l'établissement et son adresse, ainsi que le lieu précis où l'accident s'est produit.

(3) Indiquer les nom, prénoms, âge, exe, profession et adresse de la victime.

(4) Spécifier l'engin, le travail, le fait qui a occasionné l'accident.

(5) Préciser la nature des blessures : fracture de la jambe, contusions, lésions internes, asphyxie, etc. Spécifier s'il y a eu décès.

(6) Indiquer les noms, professions e: adresses.

(7) Titre et siège du syndicat de garantie, de la société mutuelle ou de la compagnie à primes fixés qui assure le chef d'entreprise. S'il n'y a pas d'assureur, le déclarer expressément.

Le soussigné (1),
déclare à M. le maire de la commune d

canton d
arrondissement d
département d
conformément à l'article 11 de la loi du 9 avril 1898, modifié par la loi du 22 mars 1902, qu'un accident ayant occasionné une incapacité de travail est survenu le

à   heure
dans (2)
à (3)
L'accident a été occasionné par la cause matérielle (4) ci-après, dans les circonstances suivantes :

L'accident a produit les blessures suivantes (5) :

Les témoins de l'accident sont (6) :

Je déclare être assuré contre les accidents du travail par la société ci-après (7) :

Fait à   , le   19

(Signature du déclarant.)

(a) Cette déclaration doit être remise à la mairie par le chef d'entreprise ou son préposé dans les quarante-huit heures de l'accident, non compris les dimanches et jours fériés. Dans les quatre jours qui suivent l'accident, si la victime n'a pas repris son travail, le chef d'entreprise ou son préposé doit, en outre, déposer un certificat de médecin indiquant l'état de la victime, les suites probables de l'accident et l'époque à laquelle il sera possible d'en connaitre le résultat définitif. (Modèle IV.)
Si la déclaration est faite par la victime ou ses ayants droit, le certificat médical doit être joint à la déclaration.

MODÈLE II

DÉPARTEMENT

d

ARRONDISSEMENT

d

CANTON

d

---

(1) Nom et prénoms.

(2) Nom et prénoms du déclarant.

(3) Nom, prénoms et adresse de la victime.

·RÉPUBLIQUE FRANÇAISE

Mairie d

RÉCÉPISSÉ DE DÉCLARATION
d'accident du travail.

(Art. 11 de la loi du 9 avril 1898,
modifié par la loi du 22 mars 1902.)

Nous, soussigné (1),

maire de la commune d

donnons récépissé à M. (2)

de la déclaration d'accident survenu le

à (3)

qu'il a déposée ce jour à la mairie, à   heure.

Fait à   , le   19

(Signature.)

MODÈLE IV

DÉPOT DE CERTIFICAT MÉDICAL

(Art. 11 de la loi du 9 avril 1898, modifié par la loi du 22 mars 1902.)

(1) Indiquer les nom, prénoms, profession et adresse, soit du chef d'entreprise, s'il fait la déclaration lui-même, soit de son préposé, en mentionnant son emploi dans l'entreprise.

(2) Indiquer les nom, prénoms, âge, sexe, profession et adresse de la victime.

(3) Nom et adresse.

Le soussigné (1),
remet à M. le maire de la commune d
canton d
arrondissement d
département d
pour être joint à la déclaration faite le

de l'accident survenu le
à (2)

un certificat du docteur (3)

indiquant l'état de la victime, les suites probables de l'accident et l'époque à laquelle il sera possible d'en connaître le résultat définitif.

Fait à , le 19

(Signature du déposant.)

MODÈLE V

DÉPARTEMENT

d

ARRONDISSEMENT

d

CANTON

d

(1) Nom et prénoms.
(2) Nom et prénoms du déclarant.
(3) Nom, prénoms et adresse de la victime.

RÉPUBLIQUE FRANÇAISE

Mairie d

RÉCÉPISSÉ DE CERTIFICAT MÉDICAL

(Art. 11 de la loi du 9 avril 1898,
modifié par la loi du 22 mars 1902.)

Nous, soussigné (1),
maire de la commune d
donnons récépissé à M. (2)
du certificat médical relatif à l'accident survenu
à (3)
qu'il a déposé ce jour à la mairie, à
heure , pour être joint à la déclaration reçue
le

Fait à , le 19

(Signature.)

LOI du 31 Mars 1905

(Promulguée au Journal officiel du 2 Avril 1905.)

Modifiant les articles 3, 4, 10, 15, 16, 19, 21, 27 et 30 de la loi du 9 avril 1898

RELATIVE AUX

ACCIDENTS DU TRAVAIL

———

Le Sénat et la Chambre des députés ont adopté,

Le Président de la République promulgue la loi dont la teneur suit :

Article premier. — Les articles 3, 4, 10, 15, 16, 19, 21, 27 et 30 de la loi du 9 avril 1898 sont modifiés ainsi qu'il suit :

« *Art. 3.* — Dans les cas prévus à l'article premier, l'ouvrier ou l'employé a droit :

« Pour l'incapacité absolue et permanente, à une rente égale aux deux tiers de son salaire annuel ;

« Pour l'incapacité partielle et permanente, à une rente égale à la moitié de la réduction que l'accident aura fait subir au salaire ;

« Pour l'incapacité temporaire, si l'incapacité de travail a duré plus de quatre jours, à une indemnité journalière, sans distinction entre les jours ouvrables et les dimanches et jours fériés, égale à la moitié du salaire touché au moment de l'accident, à moins que le salaire ne soit variable; dans ce dernier cas, l'indemnité journalière est égale à la moitié du salaire moyen des journées de travail pendant le mois qui a précédé l'accident. L'indemnité est due à partir du cinquième jour après celui de l'accident; toutefois, elle est due à partir du premier jour si l'incapacité de travail a duré plus de dix jours. L'indemnité journalière est payable aux époques et lieu de paye usités dans l'entreprise, sans que l'intervalle puisse excéder seize jours.

« Lorsque l'accident est suivi de mort, une pension est servie aux personnes ci-après désignées, à partir du décès, dans les conditions suivantes :

« *a*) Une rente viagère égale à 20 o/o du salaire annuel de la victime pour le conjoint survivant non divorcé ou séparé de corps, à la condition que le mariage ait été contracté antérieurement à l'accident.

« En cas de nouveau mariage, le conjoint cesse d'avoir droit à la rente mentionnée ci-dessus : il lui sera alloué, dans ce cas, le triple de cette rente à titre d'indemnité totale.

« *b*) Pour les enfants, légitimes ou naturels, reconnus avant l'accident, orphelins de père ou de mère, âgés de moins de seize ans, une rente calculée sur le salaire annuel de la victime à raison de 15 o/o de ce salaire s'il n'y a qu'un enfant, de 25 o/o s'il y en a deux, de 35 o/o s'il y en a trois et de 40 o/o s'il y en a quatre ou un plus grand nombre.

« Pour les enfants, orphelins de père et de mère, la rente est portée pour chacun d'eux à 20 o/o du salaire.

« L'ensemble de ces rentes ne peut, dans le premier cas, dépasser 40 o/o du salaire ni 60 o/o dans le second.

« *c*) Si la victime n'a ni conjoint ni enfant dans les termes des paragraphes *a* et *b*, chacun des ascendants et descendants qui étaient à sa charge recevra une rente viagère pour les ascendants et payable jusqu'à seize ans pour les descendants. Cette rente sera égale à 10 o/o du salaire annuel de la victime, sans que le montant total des rentes ainsi allouées puisse dépasser 30 o/o.

« Chacune des rentes prévues par le paragraphe c est, le cas échéant, réduite proportionnellement.

« Les rentes constituées en vertu de la présente loi sont payables à la résidence du titulaire, ou au chef-lieu de canton de cette résidence, et, si elles sont servies par la Caisse nationale des retraites, chez le préposé de cet établissement désigné par le titulaire.

« Elles sont payables par trimestre et à terme échu ; toutefois, le tribunal peut ordonner le paiement d'avance de la moitié du premier arrérage.

Ces rentes sont incessibles et insaisissables.

« Les ouvriers étrangers, victimes d'accidents, qui cesseraient de résider sur le territoire français, recevront, pour toute indemnité, un capital égal à trois fois la rente qui leur avait été allouée.

« Il en sera de même pour leurs ayants droit étrangers, cessant de résider sur le territoire français, sans que toutefois le capital puisse alors dépasser la valeur actuelle de la rente d'après le tarif visé à l'article 28.

« Les représentants étrangers d'un ouvrier étranger ne recevront aucune indemnité si, au moment de l'accident, ils ne résidaient pas sur le territoire français.

« Les dispositions des trois alinéas précédents pourront, toutefois, être modifiés par traités dans la limite des indemnités prévues au présent article, pour les étrangers dont les pays d'origine garantiraient à nos nationaux des avantages équivalents.

« *Art. 4.* — Le chef d'entreprise supporte, en outre, les frais médicaux et pharmaceutiques et les frais funéraires. Ces derniers sont évalués à la somme de 100 francs au maximum.

« La victime peut toujours faire choix elle-même de son médecin et de son pharmacien. Dans ce cas, le chef d'entreprise ne peut être tenu des frais médicaux et pharmaceutiques que jusqu'à concurrence de la somme fixée par le juge de paix du canton où est survenu l'accident, conformément à un tarif qui sera établi par arrêté du Ministre du Commerce, après avis d'une Commission spéciale comprenant des représentants de syndicats de médecins et de pharmaciens, de syndicats professionnels ouvriers et patronaux, de sociétés d'assurances contre les accidents du travail et de syndicats de garantie, et qui ne pourra être modifié qu'à intervalles de deux ans.

« Le chef d'entreprise est seul tenu dans tous les cas, en outre des obligations contenues en l'article 3, des frais d'hospitalisation qui, tout compris, ne pourront dépasser le tarif établi pour l'application de l'article 24 de la loi du 15 juillet 1893 majoré de 50 o/o, ni excéder jamais 4 francs par jour pour Paris, ou 3 fr. 50 partout ailleurs.

« Les médecins et pharmaciens ou les établissements hospitaliers peuvent actionner directement le chef d'entreprise.

« Au cours du traitement, le chef d'entreprise pourra désigner au juge de paix un médecin chargé de le renseigner sur l'état de la victime. Cette désigation, dûment visée par le juge de paix, donnera audit médecin accès hebdomadaire auprès de la victime en présence du médecin traitant, prévenu deux jours à l'avance par lettre recommandée.

« Faute par la victime de se prêter à cette visite, le payement de l'indemnité journalière sera suspendu par décision du juge de paix qui convoquera la victime par simple lettre recommandée.

« Si le médecin certifie que la victime est en état de reprendre son travail et que celle-ci le conteste, le chef d'entreprise peut, lorsqu'il s'agit d'une incapacité temporaire, requérir du juge de paix une expertise médicale qui devra avoir lieu dans les cinq jours.

« *Art. 10.* — Le salaire servant de base à la fixation des rentes s'entend, pour l'ouvrier occupé dans l'entreprise pendant les douze mois avant l'accident, de la rémunération effective qui lui a été allouée pendant ce temps, soit en argent, soit en nature. ,

« Pour les ouvriers occupés pendant moins de douze mois avant l'accident, il doit s'entendre de la rémunération effective qu'ils ont reçue depuis leur entrée dans l'entreprise, augmentée de la rémunération qu'ils auraient pu recevoir pendant la période de travail nécessaire pour compléter les douze mois, d'après la rémunération moyenne des ouvriers de la même catégorie pendant ladite période.

« Si le travail n'est pas continu, le salaire annuel est calculé, tant d'après la rémunération reçue pendant la période d'activité que d'après le gain de l'ouvrier pendant le reste de l'année.

« Si, pendant les périodes visées aux alinéas précédents, l'ouvrier a chômé exceptionnellement et pour des causes indépendantes de sa volonté, il est fait état du salaire moyen qui eût correspondu à ces chômages.

« *Art. 15.* — Sont jugées en dernier ressort par le juge de paix du canton où l'accident s'est produit, à quelque chiffre que la demande puisse s'élever et dans les quinze jours de la demande, les contestations relatives tant aux frais funéraires qu'aux indemnités temporaires.

« Les indemnités temporaires sont dues jusqu'au jour du décès ou jusqu'à la consolidation de la blessure, c'est-à-dire jusqu'au jour où la victime se trouve, soit complètement guérie, soit définitivement atteinte d'une incapacité permanente; elles continuent, dans ce dernier cas, à être servies jusqu'à la décision définitive prévue à l'article suivant, sous réserve des dispositions du quatrième alinéa dudit article.

« Si l'une des parties soutient, avec un certificat médical à l'appui, que l'incapacité est permanente, le juge de paix doit se déclarer incompétent par une décision dont il transmet, dans les trois jours, expédition au président du tribunal civil. Il fixe en même temps, s'il ne l'a fait antérieurement, l'indemnité journalière.

« Le juge de paix connaît des demandes relatives au payement des frais médicaux et pharmaceutiques jusqu'à 300 francs en dernier ressort et à quelque chiffre que ces demandes s'élèvent, à charge d'appel dans la quinzaine de la décision.

« Les décisions du juge de paix relatives à l'indemnité journalière sont exécutoires nonobstant opposition. Ces décisions sont susceptibles de recours en cassation pour violation de la loi.

« Lorsque l'accident s'est produit en territoire étranger, le juge de paix compétent, dans les termes de l'article 12 et du présent article, est celui du canton où est situé l'établissement ou le dépôt auquel est attachée la victime.

« Lorsque l'accident s'est produit en territoire français, hors du canton où est situé l'établissement ou le dépôt auquel est attachée la victime, le juge de paix de ce dernier canton devient exceptionnellement compétent, à la requête de la victime ou de ses ayants droit adressée, sous forme de lettre recommandée, au juge de paix du canton où l'accident s'est produit, avant qu'il n'ait été saisi dans les termes du présent article ou bien qu'il n'ait clos l'enquête prévue à l'article 13. Un récépissé est immédiatement envoyé au requérant par le greffe, qui avise, en même temps que le chef d'entreprise, le juge de paix devenu compétent et, s'il y a lieu. transmet à ce dernier le dossier de l'enquête, dès sa clôture, en avertissant les parties, conformément à l'article 13.

« Si, après transmission du dossier de l'enquête au président du tribunal du lieu de l'accident et avant convocation des parties, la victime ou ses ayants droit justifient qu'ils n'ont pu, avant la clôture de l'enquête, user de la faculté prévue à l'alinéa précédent, le président peut, les parties entendues, se dessaisir du dossier et le transmettre au président du tribunal de l'arrondissement où est situé l'établissement ou le dépôt auquel est attachée la victime.

« *Art. 16.* — En ce qui touche les autres indemnités prévues par la présente loi, le président du tribunal de l'arrondissement,

dans les cinq jours de la transmission du dossier, si la victime
est décédée avant la clôture de l'enquête, ou, dans le cas contraire, dans les cinq jours de la production par la partie la plus
diligente, soit de l'acte de décès, soit d'un accord écrit des parties
reconnaissant le caractère permanent de l'incapacité ou bien de
la réception de la décision du juge de paix visée au troisième
alinéa de l'article précédent, ou enfin, s'il n'a été saisi d'aucune
de ces pièces, dans les cinq jours précédant l'expiration du délai
de prescription prévu à l'article 18, lorsque la date de cette expiration lui est connue, convoque la victime ou ses ayants droit,
le chef d'entreprise, qui peut se faire représenter et, s'il y a assurance, l'assureur. Il peut, du consentement des parties, commettre un expert, dont le rapport doit être déposé dans le délai
de huitaine.

« En cas d'accord entre les parties, conforme aux prescriptions
de la présente loi, l'indemnité est définitivement fixée par l'ordonnance du président qui en donne acte en indiquant, sous
peine de nullité, le salaire de base et la réduction que l'accident
aura fait subir au salaire.

« En cas de désaccord, les parties sont renvoyées à se pourvoir devant le tribunal, qui est saisi par la partie la plus diligente
et statue comme en matière sommaire, conformément au
titre XXIV du livre II du Code de procédure civile. Son jugement
est exécutoire par provision.

« En ce cas, le président, par son ordonnance de renvoi et
sans appel, peut substituer à l'indemnité journalière une provision inférieure au demi-salaire ou, dans la même limite, allouer
une provision aux ayants droit. Ces provisions peuvent être
allouées ou modifiées en cours d'instance par voie de référé, sans
appel. Elles sont incessibles et insaisissables et payables dans les
mêmes conditions que l'indemnité journalière.

« Les arrérages des rentes courent à partir du jour du décès ou
de la consolidation de la blessure, sans se cumuler avec l'indemnité journalière ou la provision.

« Dans les cas ou le montant de l'indemnité ou de la provision excède les arrérages dûs jusqu'à la date de la fixation de la rente, le tribunal peut ordonner que le surplus sera précompté sur les arrérages ultérieurs dans la proportion qu'il détermine.

« S'il y a assurance, l'ordonnance du président ou le jugement fixant la rente allouée spécifie que l'assureur est substitué au chef d'entreprise dans les termes du titre IV, de façon à supprimer tout recours de la victime contre ledit chef d'entreprise.

« *Art. 19.* — La demande en revision de l'indemnité fondée sur une aggravation ou une atténuation de l'infirmité de la victime, ou son décès par suite des conséquences de l'accident, est ouverte pendant trois ans à compter soit de la date à laquelle cesse d'être due l'indemnité journalière, s'il n'y a point eu attribution de rente, soit de l'accord intervenu entre les parties ou de la décision judiciaire passée en force de chose jugée, même si la pension a été remplacée par un capital en conformité de l'article 21.

« Dans tous les cas, sont applicables à la revision les conditions de compétence et de procédure fixées par les articles 16, 17 et 22. Le président du tribunal est saisi par voie de simple déclaration au greffe.

« S'il y a accord entre les parties, conforme aux prescriptions de la présente loi, le chiffre de la rente revisée est fixé par ordonnance du président, qui donne acte de cet accord en spécifiant, sous peine de nullité, l'aggravation ou l'atténuation de l'infirmité.

« En cas de désaccord, l'affaire est renvoyée devant le tribunal, qui est saisie par la partie la plus diligente et qui statue comme en matière sommaire et ainsi qu'il est dit à l'article 16.

« Au cours des trois années pendant lesquelles peut s'exercer l'action en revision, le chef d'entreprise pourra désigner au président du tribunal un médecin chargé de le renseigner sur l'état de la victime.

« Cette désignation dûment visée par le président, donnera audit médecin accès trimestriel auprès de la victime. Faute par la victime de se prêter à cette visite, tout payement d'arrérages sera suspendu par décision du président, qui convoquera la victime par simple lettre recommandée.

« Les demandes prévues à l'article 9 doivent être portées devant le tribunal au plus tard dans le mois qui suit l'expiration du délai imparti pour l'action en revision.

« *Art. 21.* — Les parties peuvent toujours, après détermination du chiffre de l'indemnité due à la victime de l'accident, décider que le service de la pension sera suspendu et remplacé, tant que l'accord subsistera, par tout autre mode de réparation.

« En dehors des cas prévus à l'article 3, la pension ne pourra être remplacée par le payement d'un capital si elle n'est pas supérieure à 100 francs et si le titulaire est majeur. Ce rachat ne pourra être effectué que d'après le tarif spécifié à l'article 28.

« *Art. 27.* — Les compagnies d'assurances mutuelles ou à primes fixes contre les accidents, françaises ou étrangères, sont soumises à la surveillance et au contrôle de l'Etat et astreintes à constituer des réserves ou cautionnements dans les conditions déterminées par un règlement d'administration publique.

« Le montant des réserves mathématiques et des cautionnements sera affecté par privilège au payement des pensions et indemnités.

« Les syndicats de garantie seront soumis à la même surveillance et un règlement d'administration publique déterminera les conditions de leur création et de leur fonctionnement.

« A toute époque, un arrêté du Ministre du Commerce peut mettre fin aux opérations de l'assureur qui ne remplit pas les conditions prévues par la présente loi ou dont la situation financière ne donne pas des garanties suffisantes pour lui permettre de remplir ses engagements. Cet arrêté est pris après avis conforme du comité consultatif des assurances contre les accidents du travail, l'assureur ayant été mis en demeure de fournir ses observations par écrit dans un délai de quinzaine. Le comité doit émettre son avis dans la quinzaine suivante.

« Le dixième jour, à midi, à compter de la publication de l'arrêté au *Journal officiel,* tous les contrats contre les risques régis par la présente loi cessent de plein droit d'avoir effet, les primes restant à payer ou les primes payées d'avance n'étant acquises à l'assureur qu'en proportion de la période d'assurance réalisée, sauf stipulation contraire dans les polices.

« Le comité consultatif des assurances contre les accidents du travail est composé de vingt-quatre membres, savoir : deux sénateurs et trois députés élus par leurs collègues ; le directeur de l'assurance et de la prévoyance sociales ; le directeur du travail ; le directeur général de la Caisse des dépôts et consignations · trois membres agrégés de l'institut des actuaires français ; le président du tribunal de commerce de la Seine ou un président de section délégué par lui ; le président de la Chambre de commerce de Paris ou un membre délégué par lui ; deux ouvriers membres du Conseil supérieur du travail ; un professeur de la faculté de droit de Paris ; deux directeurs ou administrateurs de sociétés mutuelles d'assurances contre les accidents du travail ou de syndicats de garantie ; deux directeurs ou administrateurs de sociétés anonymes ou en commandite d'assurances contre les accidents du travail ; quatre personnes spécialement compétentes en matière d'assurances contre les accidents du travail. Un décret détermine le mode de nomination et de renouvellement des membres ainsi que la désignation du président, du vice-président et du secrétaire.

« Les frais de toute nature résultant de la surveillance et du contrôle seront couverts au moyen de contributions proportionnelles au montant des réserves ou cautionnements et fixés annuellement pour chaque compagnie ou association par arrêté du Ministre du Commerce.

« *Art. 3o.* — Toute convention contraire à la présente loi est nulle de plein droit. Celle nullité, comme la nullité prévue au deuxième alinéa de l'article 16 et au troisième alinéa de l'article 19, peut être poursuivie par tout intéressé devant le tribunal visé auxdits articles.

« Toutefois, dans ce cas, l'assistance judiciaire n'est accordée que dans les conditions du droit commun.

« La décision qui prononce la nullité fait courir à nouveau, du jour ou elle devient définitive, les délais impartis soit pour la prescription, soit pour la révision.

« Sont nulles de plein droit et de nul effet les obligations contractées, pour rémunération de leurs services, envers les intermédiaires qui se chargent, moyennant émoluments convenus à l'avance, d'assurer aux victimes d'accidents ou à leurs ayants droit le bénéfice des instances ou des accords prévus aux articles 15, 16, 17 et 19.

« Est passible d'une amende de 16 francs à 300 francs et, en cas de récidive dans l'année de la condamnation, d'une amende de 500 à 2000 francs, sous réserve de l'application de l'article 463 du Code pénal : 1° tout intermédiaire convaincu d'avoir offert les services spécifiés à l'alinéa précédent ; 2° tout chef d'entreprise ayant opéré, sur le salaire de ses ouvriers ou employés, des retenues pour l'assurance des risques mis à sa charge par la présente loi ; 3° toute personne qui, soit par menace de renvoi, soit par refus ou menace de refus des indemnités dues en vertu de la présente loi, aura porté atteinte ou tenté de porter atteinte au droit de la victime de choisir son médecin ; 4° tout médecin ayant, dans des certificats délivrés pour l'application de la présente loi, sciemment dénaturé les conséquences de l'accident. ».

Art. 2. — Le tarif visé à l'article 4 de la loi du 9 avril 1898, ci-dessus modifié, devra être établi dans un délai de six mois à compter de la promulgation de la présente loi et publié au *Journal officiel.* Il sera appliqué un mois après cette publication et jusque-là les tarifs d'assistance médicale gratuite resteront transitoirement applicables.

Art. 3. — La présente loi sera applicable aux accidents visés par la loi du 30 juin 1899.

Art. 4. — La présente loi — en ce qu'elle décide que l'indemnité journalière sera due à partir du premier jour après celui de l'accident, si l'incapacité de travail a duré plus de dix jours — et en ce qui concerne le maximum des frais d'hospitalisation — n'entrera en vigueur que trente jours après sa promulgation.

« La présente loi, délibérée et adoptée par le Sénat et par la Chambre des Députés, sera exécutée comme loi de l'État.

Fait à Paris, le 31 mars 1905.

Signé : EMILE LOUBET.

Par le Président de la République :

*Le Ministre du Commerce, de l'Industrie,
des Postes et des Télégraphes,*

Signé : F. DUBIEF.

Le Garde des Sceaux, Ministre de la Justice,

Signé : J. CHAUMIÉ.

Affiches et Imprimés réglementaires
POUR LE TRAVAIL DANS LES USINES ET MANUFACTURES

Travail des enfants, des filles mineures et des femmes
DANS LES ÉTABLISSEMENTS INDUSTRIELS *(Durée du trasail)*

Lois des 2 novembre 1892, 30 mars 1900 et Décret-Loi du 9 septembre 1848 (1 feuille 56×76 . . . . **0 fr. 30**

Décret du 13 mai 1893 (1 feuille 31×40) . . . . **0 fr. 20**

Décret du 15 juillet 1893, modifié par celui du 26 juillet 1895 (1 feuille 34×44). . . . . **0 fr. 20**

Décret du 28 mars 1902 (durée du travail effectif journalier des ouvriers adultes) (1 feuille 49×32) . . . . **0 fr. 20**

Tableau des heures de travail (1 feuille 32×24) . . . . **0 fr. 10**

Hygiène et sécurité du travail

Loi du 12 juin 1893, modifiée par la Loi du 11 juillet 1903 (1 feuille) . **0 fr. 20**

Décret du 29 novembre 1904 (1 feuille) . . . . **0 fr. 20**

Décret du 18 juillet 1902 (emploi de la céruse dans les travaux de peinture en bâtiment) (1 feuille 41×32) . . . . **0 fr. 15**

Couchage du personnel. — Décret du 28 juillet 1904. Exécution de la Loi du 12 juin 1893, modifiée par celle du 11 juillet 1903 (1 feuille) . . . . **0 fr. 20**

Accidents du travail

Loi du 9 avril 1898, modifiée par les lois des 22 mars 1902 et 31 mars 1905 (1 feuille). . . . . **0 fr. 25**

Décrets du 28 février 1899 et 23 mars 1902 (1 feuille) . . . . **0 fr. 25**

Conditions du travail du personnel féminin

Dans les magasins, boutiques et autres locaux en dépendant. Loi du 29 décembre 1900 (1 feuille 32×44). . . . . **0 fr. 15**

Nota. — *Conditions spéciales pour demandes de 25, 50, 100 exemplaires et au-dessus.*

Imprimés divers

Appareils à vapeur

Décret du 30 avril 1880 (1 feuille). . . . . **1 fr.**

Canalisation d'énergie électrique
PRÉCAUTIONS A PRENDRE ET PREMIÈRES MESURES EN CAS D'ACCIDENT

Circulaire ministérielle du 15 octobre 1900 (1 feuille 28×38). . . . . . **0 fr. 10**

Accidents du travail

Déclaration d'accident du travail suivie du récépissé de déclaration (modèle conforme au décret du 23 mars 1902) (1 feuille) . . . . **0 fr. 10**

Certificat médical, suivi de la formule du dépôt du certificat médical et du récépissé (1 feuille). . . . . **0 fr. 10**

Travail des enfants

Registre d'inscription d'enfants au-dessous de 18 ans. *(Art. 10 de la loi du 2 novembre 1892.)* Petit format . . . . **1 fr.**

Livret d'apprenti . . . . **0 fr. 20**